¡Mira cómo crece!

La vida del pollo

Nancy Dickmann

Heinemann Library
Chicago, Illinois

www.heinemannraintree.com
Visit our website to find out
more information about
Heinemann-Raintree books.

To order:

☎ Phone 888-454-2279

💻 Visit www.heinemannraintree.com
to browse our catalog and order online.

Edited by Rebecca Rissman, Nancy Dickmann, and Catherine Veitch
Designed by Joanna Hinton-Malivoire
Picture research by Mica Brancic
Production by Victoria Fitzgerald
Originated by Capstone Global Library Ltd
Printed and bound in China by South China Printing
Company Ltd
Translation into Spanish by DoubleOPublishing Services

14 13 12 11 10
10 9 8 7 6 5 4 3 2 1

Library of Congress Cataloging-in-Publication Data
Dickmann, Nancy.
  [Chicken's life. Spanish]
  La vida del pollo / Nancy Dickmann.—1st ed.
     p. cm.—(¡Mira cómo crece!)
  Includes bibliographical references and index.
  ISBN 978-1-4329-5272-3 (hc)—ISBN 978-1-4329-5284-6 (pb) 1. Chickens—
Life cycles—Juvenile literature. I. Title.
  SF487.5.D5318 2011
  636.5—dc22   2010034121

Acknowledgments
We would would like to thank the following for permission to reproduce
photographs: Alamy pp. **5** (© Paul Glendell), **7** (© Vladimir Alexeev), **15**
(© Vladimir Alexeev); FLPA p. **20** (© Peter E. Smith); iStockphoto pp. **8** (©
Andreas Karelias), **9** (© Lisa Mory), **10** (© Leszek Dudzik), **13** (© Cindy
Singleton), **14 main** (© David de Groot), **16** (© Danish Khan), **17**
(© Denice Breaux), **18** (© Eli Franssens), **19** (© Tony Campbell), **21**
(© Smitt), **22 top** (© Lisa Mory), **22 left** (© Leszek Dudzik), **22 bottom**
(© Denice Breaux), **23 top** (© Cindy Singleton), **23 middle top**
(© Eli Franssens), **23 bottom** (© Tony Campbell); Photolibrary pp. **4**
(Superstock/© Hill Creek Pictures), **6** (age fotostock/© Alberto Paredes),
11 (Superstock/© SUPERSTOCK INC), **12** (© Oxford Scientific (OSF)), **22
right** (© Oxford Scientific (OSF)), **23 middle bottom** (© Oxford Scientific
(OSF)); Shutterstock p. **14 inset** (© Vinicius Tupinamba).

Front cover photograph (main) of hens in a farmyard reproduced with
permission of Photoalto (© Yves Regaldi). Front cover photograph (inset)
of a brown egg reproduced with permission of iStockphoto (© Lisa Mory).
Back cover photograph of a chicken hatching reproduced with permission
of Photolibrary (© Oxford Scientific).

The publisher would like to thank Nancy Harris for her assistance in the
preparation of this book.

Every effort has been made to contact copyright holders of material
reproduced in this book. Any omissions will be rectified in subsequent
printings if notice is given to the publisher.

Contenido

Ciclos de vida

Todos los seres vivos tienen un ciclo de vida.

Los pollos tienen un ciclo de vida.

huevo

Un pollo sale del cascarón.

Después crece.

Una gallina pone huevos.
El ciclo de vida comienza de nuevo.

Huevos

Una hembra se llama gallina.

huevo

Una gallina pone huevos.

La gallina se sienta sobre los huevos
para mantenerlos calientes.

Dentro de cada huevo hay un pollito.

Pollitos

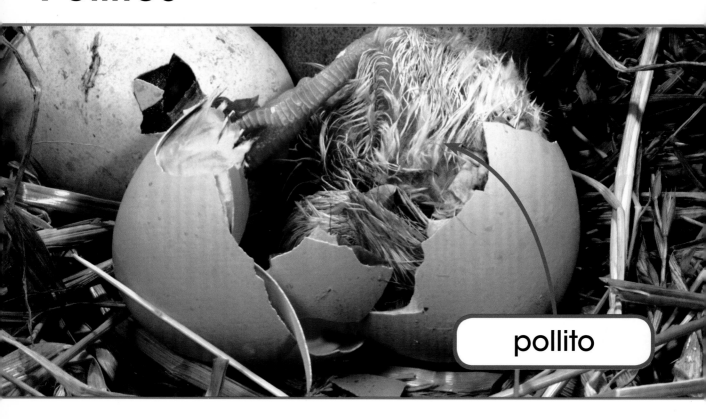

pollito

El pollito sale del cascarón.

plumas

El pollito tiene plumas amarillas.

gusano

El pollito come gusanos e insectos.

Mamá gallina mantiene a sus pollitos fuera de peligro.

El pollito se hace más grande.

Las plumas del pollito se
vuelven blancas.

Convertirse en pollo

gallo

Si el pollito es macho, se convierte en gallo.

gallina

Si el pollito es hembra, se convierte
en gallina.

La gallina pone huevos.

El ciclo de vida comienza de nuevo.

El ciclo de vida de un pollo

1 Una gallina pone huevos.

2 Un pollito sale del cascarón.

4 La joven gallina está lista para poner huevos.

3 El pollito crece.

Glosario ilustrado

 **pollito** pollo joven. El pollito tiene plumas amarillas y nace de un huevo.

 **gallo** pollo macho

 **salir del cascarón** nacer de un huevo

 **gallina** hembra del gallo. Las gallinas pueden poner huevos.

Índice

Nota a padres y maestros

Antes de leer

Muestre a los niños un huevo de gallina y pregúnteles si saben qué animal puso ese huevo. Explique que todas las aves ponen huevos y observen juntos algunas imágenes de huevos de diferentes tamaños y colores.

Después de leer

En la primavera, pueden tratar de criar algunos pollitos. Necesitará algunos huevos fértiles de gallina y una incubadora, así como también una casa donde enviar a los pollitos que nazcan. Explique a los niños que la incubadora mantiene los huevos calientes como una mamá gallina. Permita a los niños que le ayuden a dar vuelta a los huevos tres veces al día (esto también debe hacerse durante el fin de semana). Pida a los niños que cuenten los días hasta que se rompa cada huevo y piensen cómo los pollitos salen del cascarón. Asegúrese de que los niños manipulen los pollitos con cuidado y se laven las manos después de hacerlo.